Die beste Zeit das Leben zu genießen, ist
GENAU JETZT.

Eat. Sleep.
REPEAT.

LEBE, LIEBE, LACHE

& zwischendurch
lass einfach mal
die Seele baumeln!

not today

Weniger
stressen,
MEHR
CHILLEN.

Mein

TATENVOLUMEN

für heute ist aufgebraucht.

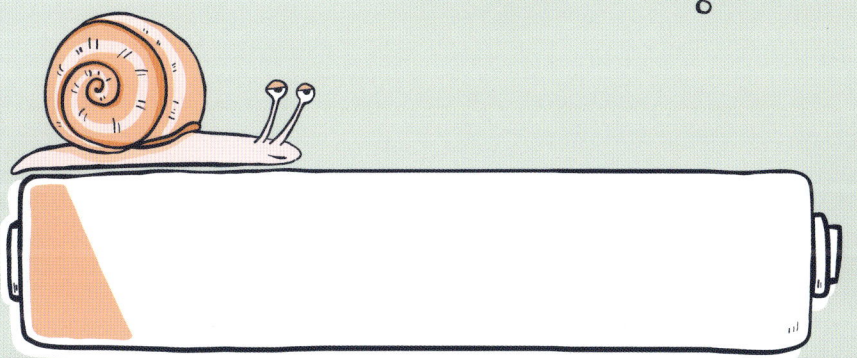

Ein voller Terminkalender
bedeutet <u>kein</u> erfülltes Leben.

Leben heißt,
einige Punkte von der TO-DO-Liste
auf die WAS-SOLLS-Liste zu setzen.

Einfach mal lassen,
könnte ja gut werden.

ZEN-DEPAUSE!
Ich bin hochmotiviert,
heute absolut gar nichts zu tun!

Im Wörterbuch
kommt
LEBEN
vor
PUTZEN!

Heute koche ich.
Es gibt Tee!

just do it later!

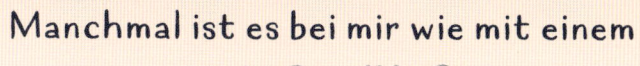

Manchmal ist es bei mir wie mit einem
COMPUTER:
Alles funktioniert wieder besser,
wenn man kurz abschaltet.

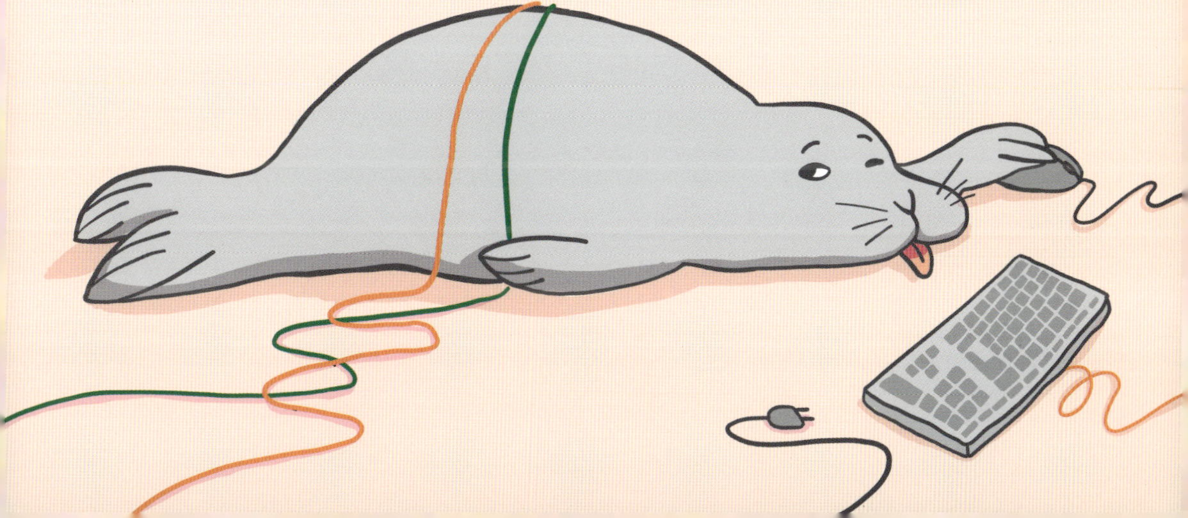

Ich mach jetzt erstmal nix,
und dann warte ich ab.

RELAX!

You will be okay!

SCHÖNE MOMENTE

entstehen einfach so,
du musst nicht immer
etwas dafür tun.

Die besten Tage sind die,
an denen du nichts geschafft hast,
außer im HIER & JETZT zu sein.

Wenn es sich gut anfühlt,
let it flow!

Born to CHILL

Ich wäre so gerne
eine Schlange,
dann könnte ich sogar
beim Laufen liegen.

Ich brauch jetzt Ruhe,
um herauszufinden,

WARUM

ich Ruhe brauche.

Wann beginnt eigentlich dieser Winterschlaf?
Ich mach da dieses Jahr mal mit.

HEY!
Ich sitze nicht faul rum!
Ich meditiere!!!

Beim Yoga schaffe ich die Kerze nicht.
Ich mach jetzt einfach das Teelicht!

Yes,
I'm OOOMMMM my way!

Heute kann es regnen,
stürmen oder schnein,
denn ich bleib im Bett
und zieh mir Serien rein!

CHILL MODE ON.

Einatmen,
ausatmen,
wiederholen.

Einatmen,
ausatmen,
MEHR NICHT.

Entspann dich. Nichts ist unter Kontrolle.

Think positive!

BEFREI DICH!

In Ruhe gelassen werden ist gut,
in Ruhe gelassener werden ist besser.

take your time

Der Geist ist willig,
der Körper ist

CHILLIG.

Klar mache ich Sport!
Nämlich eine antike japanische
Kampfkunst namens Shla Fen.

Die drei magischen Worte:

EINFACH NIX TUN!

Um aus Shakespeares Hamlet Akt 4,
Szene 5, Vers 28 zu zitieren:

NEIN!

Jeden Tag zu funktionieren,
FUNKTIONIERT HALT NICHT!

I don't care!

Manchmal
ist das Schönste im Leben,
dass der Stuhl schaukelt.

Don't hurry,
BE HAPPY!

Sei gut zu dir.
Unter all den wichtigen Aufgaben,
die du zu erledigen hast, darfst du
das Wichtigste nicht vergessen:

DICH SELBST!

Hakuna Matata!

Illustration:
Mariell Strate

ISBN 978-3-86229-784-9

Grafik Werkstatt „Das Original" GmbH & Co. KG · Stadtring Nordhorn 113 · D-33334 Gütersloh
www.grafik-werkstatt.de